Alexandre Thomas

Les révolutions et les nationalités européennes

Essai

ISBN : 978-1984206893

10 9 8 7 6 5 4 3 2 1

Alexandre Thomas

Les révolutions et les nationalités européennes

Essai

Table de Matières

Les révolutions et les nationalités européennes

Nous sommes en un moment si rempli de choses si diverses, que l'esprit le plus appliqué ne réussit pas à bien saisir au passage tous les traits de ce mouvant tableau. Il n'y a pas une époque dans l'histoire où l'Europe ait été partout à la fois aussi profondément agitée. Ni la révolution religieuse du XVIe siècle, ni les grandes guerres du XVIIe, ni la commotion qui a fini le XVIIIe, n'ont eu d'année aussi convulsive que cette année 1848, dont nous n'avons pas encore atteint le milieu. De tous côtés, la scène politique est à chaque instant envahie par de nouveaux acteurs et par des péripéties nouvelles. Le drame se joue en mille endroits, d'un bout à l'autre de notre vieux monde ce n'est pas le connaître et le comprendre que de le voir uniquement se dérouler chez nous. Nos propres affaires pèsent sans doute sur nous d'un poids assez lourd pour nous empêcher de tourner très librement ailleurs des regards attentifs ; il faut cependant nous efforcer et ne pas trop céder à ces préoccupations exclusives, qui, nous enfermant tout de suite en nous-mêmes, ne nous laisseraient plus d'ouverture sur le dehors. Il faut de temps en temps nous arrêter par la réflexion au milieu du torrent qui nous entraîne, et, tandis que les événements courent à flots pressés tout auprès de nous, il faut par intervalle recouvrer quelque sang-froid pour regarder à quelque distance, pour étudier d'autres vicissitudes que les nôtres, pour tâcher d'en embrasser l'ensemble et d'en trouver la logique. Dans cet universel ébranlement, le plus sage est peut-être celui qui sait vivre au jour le jour ; s'il y a pourtant un moyen d'affermir son pied, d'assurer sa marche à travers ce présent qui fuit si vite, n'est-ce pas d'avoir au moins l'intelligence du passé d'hier ? N'est-ce pas de faire pour cette histoire de la veille ce qu'on a tant de peine à faire pour l'histoire du moment, de quitter notre seuil et d'aller la chercher autre part que dans notre rue ?

La révolution de février n'a pas enfanté le mouvement européen auquel nous assistons aujourd'hui, elle en a seulement hâté l'issue et grandi les proportions. Ces proportions ne sont point encore déterminées, loin de là, mais on commence à les entrevoir, et il y a déjà comme une esquisse que l'on peut essayer de calquer. Les idées, les institutions, les hommes sortent maintenant de cette obscure mêlée, où tout était en germe et en lutte. Le bruit de la première explosion se dissipe, la poussière retombe, et nous sommes enfin à peu près à même d'imaginer d'une façon un peu plus précise l'état de choses qui se développe autour de nous. C'est cet état général de l'Europe que nous voudrions retracer ici dans sa phase la plus récente.

Avant le 25 février, l'étranger s'occupait infiniment des incidents assez vulgaires qui constituaient alors l'histoire courante de la France : l'étranger s'occupe aujourd'hui beaucoup moins des curieuses merveilles qui passent à tout instant sur la France de février : il a comme nous son but à poursuivre, sa tâche qui le fixe. Il y a mieux, il y a quelque chose de plus frappant : toutes ces émotions violentes écloses à l'occasion des nôtres aux quatre coins de l'horizon, tous ces soulèvements provoqués par notre exemple s'organisent sans tomber dans notre sphère ; ils aboutissent à des fins qui ne relèvent pas le moins du monde de notre direction. Une fois le branle reçu, personne ne nous a plus consultés ; tous, au rebours, nous supplient de les laisser tranquillement régler leur sort, et les plus libéraux sont ceux qui tiennent le plus à se réserver la conduite exclusive de leur libéralisme. Chaque nation s'avançant ainsi pour son compte et parlant en son nom, il n'en est pas une qui puisse se charger de *révolutionner* les autres à ses frais et à son bénéfice. La révolution appartient en tous lieux à ceux qui l'accomplissent. De là cette libre allure qui la caractérise vis-à-vis de nous, de là nécessairement aussi les différences qui la diversifient sur ce vaste terrain où elle s'asseoit en dehors de nous. Une preuve certaine que l'antique Europe vit encore d'une vie énergique, c'est l'énergie d'initiative avec laquelle elle aborde elle-même l'œuvre de sa régénération. La France de février a bien raison de répéter sans cesse qu'elle s'incline respectueusement devant le libre arbitre de tous ses voisins. S'immiscer de trop près dans leurs destinées, c'eût été purement propager chez eux des révolutions factices qui se seraient partout reproduites sous le même masque. La France, au contraire, gardant cette sage réserve qu'elle a dès l'abord hautement professée, la France restant sur l'expectative, les révolutions n'arrivent que là où elles le doivent et comme elles le doivent. Elles éclatent avec cette spontanéité originale qui les rend irrésistibles, parce qu'elle en prouve la légitimité ; elles prennent leurs voies naturelles, et, si elles sont accostées çà et là par des plagiaires qui visent à nous contrefaire, elles s'en débarrassent hardiment pour demeurer fidèles à leur vocation propre.

On ne distingue pas encore très clairement à l'heure qu'il est le résultat providentiel et particulier pour lequel la révolution de février nous était sans doute indispensable ; elle se complique d'exigences très mal définies, et se heurte à certains mots qui n'ont pas jusqu'ici de sens très positif. Les révolutions étrangères, dans le lointain où elles nous apparaissent, se manifestent pourtant avec un caractère plus net et plus ferme, parce qu'elles répondent à des besoins moins vagues, parce qu'elles découlent de nécessités qu'on eût plus difficilement résolues sans elles. Pendant que nous perdons beaucoup de temps et que nous gâtons beaucoup de besogne à nous demander par où nous pourrions reconstruire la société tout entière sur un meilleur modèle, l'Europe est possédée d'une passion plus sérieuse. Il ne s'agit pas pour elle de refaire à nouveau l'humanité ; elle travaille uniquement à regagner l'avance que nous avions depuis 89 ; elle édifie des institutions politiques et des nationalités compactes. Élargir et fortifier l'état en élevant tous les membres d'un même état à la dignité de citoyen, appeler tous les hommes d'un même sang à l'amour d'une même patrie en exaltant la mutuelle indépendance des races, tel est le double objet que la révolution européenne a maintenant entrepris d'atteindre : l'idée du siècle est là ; les empires qui se créeront n'auront plus d'autres bases.

Double est donc la révolution ; il y a simultanément en ce moment-ci, au cœur de l'Europe, formation de nouveaux établissements politiques, développement ou résurrection des anciennes nationalités. La révolution nationale pivote, en quelque sorte, sur Vienne ; elle marche avec le Danube dans toute l'étendue de son cours, et, traversant les Alpes, elle rayonne le long de l'Apennin. La révolution politique siège à Francfort, d'où elle convie toute l'Allemagne à l'émancipation ; elle ambitionne la puissance maritime, et dans ses plans de grandeur elle a dépassé l'Eider, pour supprimer à moitié le Danemark. Ces deux révolutions se croisent et se combinent ; elles échangent leur influence au service l'une de l'autre : l'affranchissement des nationalités s'opère à Vienne avec le concours efficace de l'affranchissement politique, et les institutions considérables qui se préparent à Francfort ont d'avance leur point d'appui dans le sentiment national dont elles caressent l'orgueil. Voilà l'immense champ clos où règne la tourmente, où elle agite et pousse, soit à s'embrasser, soit à se choquer de front, les Allemands, les Danois, les Polonais, les Hongrois, les Slaves de toutes les branches, Illyriens, Bohêmes et Slovaques. Ce qui jaillira de ce pêle-mêle, le monde rajeuni qui doit naître un jour ou l'autre de tous ces éléments en guerre, comment le dire, quand il est déjà si malaisé de regarder à travers le tourbillon au jour d'aujourd'hui ?

Hors du tourbillon lui-même restent deux groupes d'états qu'il n'a pas encore entraînés : les petits états, la Suisse, la Belgique et la Hollande, qui, placées entre l'Allemagne et la France comme entre deux foyers d'incendie, se garent de leur mieux et défendent avec courage leur honorable neutralité ; — les grands états, l'Angleterre et la Russie, qui observent et attendent, chacune des deux se mettant en mesure pour faire face à des événements qu'il n'a pas dépendu d'elles d'empêcher, pour se sauver, à force de précautions, du dommage dont ils la menacent, l'Angleterre tâchant à tout prix de resserrer les liens de la tutelle qu'elle s'arroge sur l'Europe du sud, dans la péninsule ibérique, à Naples et en Grèce, la Russie redoublant ses cruautés en Pologne, ses insolences en Romanie, ses intrigues à Constantinople. La guerre sera certaine aussitôt que l'une ou l'autre de ces deux puissances aura trouvé moins de péril à rompre qu'à temporiser. Tel est l'aspect général que nous présente la carte politique de l'Europe. Voyons-en de plus près les points principaux, et d'abord entrons un peu dans ces états secondaires que leur isolement calculé détache maintenant plus ou moins de l'ensemble du grand spectacle.

La Suisse est en train de se rasseoir : elle voudrait échapper à l'agitation universelle pour se remettre plus facilement et plus vite de cette commotion qui l'a si rudement ébranlée l'année dernière. Elle se renferme de son mieux dans l'œuvre qu'elle s'est donnée après la chute du Sonderbund. Tout appliquée à la révision du pacte fédéral, elle comprime à la fois, et les suggestions qui pourraient l'attirer dans les embarras extérieurs, et les embarras intérieurs qu'une nouvelle minorité radicale finirait bientôt par lui créer, en exploitant à outrance la victoire du radicalisme. Cette double pensée ressort avec une évidence singulière de l'attitude prise par la diète helvétique depuis qu'elle est rentrée en session, le 11 mai dernier. Par une vicissitude qui n'a rien d'extraordinaire pour ceux qui connaissaient la vraie situation des personnes et des choses telle qu'elle était il y a quelques mois, M. Ochsenbein se trouve aujourd'hui le promoteur le plus utile et le plus dévoué de ce système de modération. M. Neuhaus ne se trompait pas quand il affirmait naguère que l'homme le plus modéré qui restât après lui, pour diriger les affaires helvétiques, c'était encore M. Ochsenbein, le chef même du parti radical. La position de M. Ochsenbein n'en a pas moins été un moment très difficile. Il était le premier dans le gouvernement de la fédération suisse en sa qualité de premier magistrat du gouvernement bernois ; mais il avait perdu les bonnes grâces de Berne, et c'est seulement dans la diète assemblée qu'il a retrouvé l'ascendant et la majorité qui lui avaient manqué au sein du canton directeur. Berne veut absolument une Suisse unitaire pour en être la capitale ; Berne, avec cette ambition qui la pousserait à tout centraliser, ne demanderait pas mieux que d'exercer une action au dehors ; elle eût répondu de grand cœur aux offres d'alliance de la Sardaigne. On se rappelle comment M. Ochsenbein a repoussé ces offres ; la publicité s'est emparée malgré lui des séances secrètes de la diète du 14 et du 18 avril. Quant au système de centralisation, satisfait pour sa part du progrès réalisé dans le projet de constitution fédérale émané de la commission préparatoire dont il était membre, M. Ochsenbein a vigoureusement combattu dans le sénat bernois tous les amendements qui ruinaient l'individualité des cantons. Berne entendait introduire une unité inexorable dans le service militaire, dans les douanes, dans les postes, dans l'administration de la justice ; elle prétendait tout concentrer, sans indemnité, sans compensation, de par la seule vertu du droit révolutionnaire, au nom de la seule logique. M. Ochsenbein s'était opposé résolument à ces tendances excessives de ses concitoyens : la diète lui a donné raison contre eux.

Cette opposition qui paraissait peut-être inconséquente dans sa personne, ses allures un peu dictatoriales, sa manière même de dire : « Je ne veux pas ! » toute sa conduite enfin très raide et très serrée, avaient fini par lui susciter un parti régulier d'ennemis redoutables. Les ultra-radicaux, les anciens meneurs des clubs qui ont pesé si rudement l'an dernier sur les affaires helvétiques, s'étaient groupés depuis quelque temps autour de M. Staemfli, qui aspirait à prendre bientôt la présidence du gouvernement bernois. M. Staemfli est un jeune avocat, le gendre du professeur Shell, radical qui va jusqu'au délire, et dont les idées auraient ainsi triomphé sur toute la ligne ; M. Staemfli ne devait être qu'un instrument. L'appréhension d'un pareil succès a suffi heureusement pour l'empêcher. Berne vient de renouveler son grand conseil et de renommer le magistrat qui doit présider à la fois et son gouvernement et la prochaine session ordinaire de la diète. Les élections se sont faites dans un sens très modéré. Les libéraux s'étant mis d'accord avec les conservateurs, les ultra-radicaux sont restés seuls, et M. Staemfli n'a eu que 55 voix pour la présidence contre 121 données à son compétiteur. La *Gazette de Berne* se venge de cet échec inattendu en accusant les partisans de M. Ochsenbein d'une idolâtrie servile ; n'a-t-on pas osé mettre son buste dans la salle du grand conseil, comme si c'eût été celui d'un roi ?

On ne saurait dire pourtant si M. Ochsenbein tient beaucoup à défendre son terrain dans le canton de Berne, et il avait même l'autre jour donné sa démission par impatience. C'est qu'il y a désormais un champ plus vaste qui s'ouvre devant les hommes politiques de la Suisse. Quelles que soient les limites auxquelles doive s'arrêter l'unité conquise dans la rapide campagne où le *séparatisme* a succombé, il est incontestable que l'influence particulière des cantons va baisser de beaucoup dans la direction des affaires générales. Selon le projet de constitution que la diète discute aujourd'hui, la république helvétique serait gouvernée par deux chambres formées à peu près sur le modèle américain et par un directoire exécutif de cinq membres, dont un président et un vice-président, sortis du parlement national. Il ne serait pas impossible que M. Ochsenbein, en vue de ces nouvelles perspectives, préférât maintenant à la faveur oppressive et mobile du peuple bernois la faveur du peuple suisse tout entier. La mesure qu'il apporte dans ses opinions est certainement conforme au goût de l'immense majorité ; la diète l'a bien prouvé par ses derniers votes. Berne exigeait que l'on nommât un comité de constitution au lieu de discuter en pleine diète le projet déjà rédigé ; Berne est restée seule de son avis avec Genève : la souveraineté cantonale s'est ainsi complètement réservée. Berne ne voulait qu'une seule chambre, la diète en a voté deux dans sa séance du 17 mai ; c'est un précédent qu'il est bon de noter pour notre usage. Nous voyons avec joie cet esprit de modération qui s'installe ainsi tout à nos portes, et qui règle si à propos des débats dont nous allons avoir nous-mêmes une édition agrandie. Nous souhaitons qu'il y ait là quelque influence contagieuse.

Le même phénomène s'est d'ailleurs produit en Belgique, sous le contrecoup des événements de février. Dotés d'une constitution éminemment libérale par la révolution de 1830, les Belges se sont ralliés autour de cette constitution comme autour d'un drapeau national ; ils n'ont pas cru qu'il valût la peine de se lancer dans l'inconnu d'une république pour le seul plaisir de renverser la monarchie la plus commode qui fût jamais. Les dernières élections leur avaient donné la réforme politique pour laquelle ils avaient si patiemment travaillé. Cette lente et sûre victoire était une belle preuve en l'honneur d'un vrai système constitutionnel ; les Belges se sont d'autant plus rattachés au leur, ils ont eu d'autant plus d'envie de le garder, qu'il était plus vite tombé chez nous : ç'a été pour eux tout à la fois question de bon sens et d'amour-propre. Le parti républicain s'est trouvé tout d'un coup isolé. On se rappelle la scission qui s'était faite il y a dix-huit mois dans la société de *l'Alliance*, lorsque les sept députés de Bruxelles avaient fondé *l'Association libérale* pour réunir tous ceux qui ne se plaisaient plus aux emportements d'une opposition trop violente. De nouvelles défections ont encore récemment affaibli la société radicale, qui n'a plus alors laissé de doute sur ses tendances anti-monarchiques en proclamant M. Gendebien pour son président. *L'Association libérale*, au contraire, a pris une vigueur qu'elle n'avait point encore eue ; elle s'est adressée directement au corps entier des électeurs, et dans ses circulaires elle leur a prêché la royauté constitutionnelle, non pas comme une idole, mais comme un pur principe de stabilité, comme une simple présidence héréditaire.

Le ministère et les chambres n'ont montré ni moins d'activité ni moins d'intelligence. Le grand embarras du moment, en Belgique comme ailleurs, c'est la détresse d'argent : vis-à-vis de cette détresse, le parti extrême pousse chaque jour un cri qui n'est peut-être qu'un mot d'ordre et qui lui servira probablement de devise aux élections ; il veut, avant tout, réduire les dépenses. Le gouvernement, qui sait bien que toute réduction a ses bornes, tâche plutôt de multiplier les ressources. Depuis le commencement du mois, les chambres ont voté deux lois de finances qui doivent porter leurs fruits. Elles ont consenti à un emprunt forcé qui pourra produire en tout de 25 à 27 millions répartis sur différentes catégories de prêteurs en raison du chiffre de l'impôt foncier, de l'impôt personnel, des rentes hypothécaires, des pensions et des traitements publics. On a permis à la *Société générale* une émission de nouveaux billets avec cours obligatoire jusqu'à concurrence de 20 millions ; cette banque, trop embarrassée par suite de ses propres fautes, n'avait guère le droit de compter sur cette ressource que la loi va lui ouvrir ; mais le papier est exclusivement affecté aux besoins des caisses d'épargne, dont la *Société générale* fait le service. La majorité de la seconde chambre a solennellement déclaré qu'elle tenait pour sacrés tous les dépôts confiés à ces caisses, et qu'elle voulait qu'on remboursât toujours, quel que fût le montant des sommes à rembourser. C'est avec cette loyauté courageuse qu'un état maintient son crédit. Du reste, cette discussion, quelquefois pénible, a conduit le gouvernement à proposer la création d'une caisse d'épargne de l'état qui engloberait immédiatement toutes les caisses annexées aux banques particulières, et leur assurerait une meilleure garantie. La fermeté que la Belgique oppose ainsi de sang-froid aux difficultés matérielles et morales de sa situation lui permettra sans doute de l'améliorer assez pour tenir tête à tous les événements.

La Hollande paraît enfin se décider à entrer aussi dans la voie des réformes, et certes elles sont moins pressantes au midi qu'elles ne le sont au nord de l'Escaut ; mais il y a dans cette brave nature hollandaise une constance que rien ne lasse comme rien ne l'irrite. Le 9 mai, les états-généraux se sont rassemblés après sept semaines de vacance. Le 17 mars, ils avaient nommé une commission pour réviser et modifier le pacte fondamental du royaume : depuis un mois, que cette commission avait fini et publié son travail, les états attendaient une convocation. Le ministère ne pouvait se décider à les réunir, parce qu'il ne pouvait lui-même se mettre d'accord au préalable sur les points capitaux de la charte à discuter. La première parole qu'ait dite M. de Schimmelpenninck, quand il a pourtant fallu se présenter devant la chambre, ça a été pour déclarer la dislocation du cabinet dont il était le chef. C'était un cabinet mixte et de transition dans lequel le comte Schimmelpenninek et le général Nepveu représentaient le parti aristocratique et rétrograde. Le ministère est maintenant recomposé dans un sens tout favorable aux réformes, et l'on s'occupe sérieusement de refondre la vieille constitution, dont les parties les plus essentielles, le système électoral et le régime colonial, choquent trop les idées de ce temps-ci.

Le général Nepveu avait motivé sa démission dans une lettre au roi qui a été imprimée : il déclarait que le projet de la commission du 17 mars, devant lequel il se retirait, était pour lui suspect de tendances républicaines. Il n'y a là pourtant qu'une suggestion alarmiste à l'adresse de la couronne : le républicanisme de la charte future consisterait à supprimer l'absolutisme dans le pouvoir et l'aristocratie dans le parlement. On a bien entendu, le jour de la reprise des états, certains députés exprimer vivement l'amer déplaisir que le parti réactionnaire jetait dans tout le pays, en entravant cette réforme dont l'annonce avait causé tant de joie ; l'un d'eux a même dit que, si ce parti-là ne venait à résipiscence, on allait en voir un autre « qui ne serait point intimement convaincu de la nécessité d'une monarchie constitutionnelle. » Et de fait, si le mot de république, que l'honnête député déguisait à la tribune sous une périphrase, peut cependant passer quelque part sans exciter l'ombrage instinctif qui l'accompagne depuis cinquante ans en Europe, c'est à coup sûr en Hollande. Néanmoins les vieilles familles républicaines, qui exerçaient autrefois un patronage analogue à celui des whigs, ont beaucoup perdu de leur influence sous le niveau commun de la démocratie, et il faudrait de terribles circonstances, des fautes ou des perfidies bien misérables, pour amener une révolution complète sur une terre dont la froide sagesse s'accommode parfaitement des institutions constitutionnelles.

Nous nous arrêtons volontiers au spectacle de ces petits états accomplissant librement et pacifiquement les progrès qui leur conviennent au milieu du tumulte qui remue l'Europe et bouleverse les grandes puissances. Nous ne savons pas de triomphe plus glorieux pour la civilisation moderne que cette sécurité des faibles en présence de toutes les passions qui ébranlent et déchaînent les forts. Si des complications qui, de jour en jour, deviennent moins probables ne troublent pas davantage les rapports internationaux des grands et des petits états, si les parties les plus fragiles de l'ordre européen résistent ainsi à cette laborieuse épreuve, il y aura certainement une démonstration acquise, et qu'il sera bon d'enregistrer.

À voir le juste éveil de quelques nationalités outrageusement violées, on se laisse maintenant trop porter à mettre la classification des races au-dessus de toutes les divisions politiques. Il semble qu'on aille partager l'Europe en grandes familles de peuples selon la loi naturelle des espèces, comme au bon temps de la tribu. Du haut de cette philosophie, on planerait assez dédaigneusement sur les limites factices inventées par les diplomates, et on les aurait bientôt effacées pour leur substituer une distribution des territoires plus large et plus simple. Race germanique, race latine, race slave, race gauloise, formeraient ainsi de vastes sociétés fraternelles qui absorberaient les petits états issus du vieux système d'équilibre. Si ces états, pourtant, donnaient aujourd'hui des preuves de leur consistance, si ces fondations, plus ou moins artificielles dans le principe, avaient acquis assez d'énergie propre pour durer dans ce renouvellement de toutes choses, le vieux système aurait alors gain de cause contre plus d'une rêverie. Qu'en pense-t-on à Francfort ?

Francfort est en ce moment redevenu, comme autrefois, un des théâtres de l'histoire. Là se discutera ce vaste établissement unitaire que l'Europe du milieu voudrait instituer pour organiser sa force. Là va siéger en permanence cette révolution allemande qui, éclatant depuis trois mois, tantôt sur un point, tantôt sur l'autre, doit enfin concentrer son action quelque part, pour coordonner et généraliser ses résultats. Cette révolution est en soi essentiellement politique ; le sentiment national y entre, il est vrai, par une pointe très vive, et elle fait sonner très haut les droits et les devoirs que les populations germaniques tiendraient de leur communauté d'origines. Au fond cependant l'impulsion de la race n'est pas à beaucoup près le mobile dominant qui la précipite. Elle est sortie tout armée d'un double besoin, besoin de liberté, besoin de grandeur. Le pacte de 1815 et l'acte final de 1820 avaient singulièrement épargné le moyen-âge dans la reconstitution dont ils dotaient l'Allemagne. De 1820 à 1840, les princes allemands avaient constamment lutté pour arrêter l'esprit moderne à leurs frontières et maintenir chez eux l'immobilité du *statu quo*. De la Vistule au Rhin, du Danube à la Baltique, le *statu quo* se résumait en ces deux points : les chartes libérales manquaient ou périclitaient ; les divers états, subordonnés à des puissances qui n'étaient pas exclusivement allemandes, ne formaient pas un tout qui comptât par lui-même en Europe ; il y avait une Prusse et une Autriche, il n'y avait pas une Allemagne qui pût, en son nom, prendre pied par les traités ou par la guerre. C'est contre ce *statu quo* que l'Allemagne n'a pas cessé de réagir depuis 1840 ; c'est ce *statu quo* qui a succombé définitivement depuis le commencement de 1848. Vienne, Berlin, Munich, Stuttgart, Carlsruhe, les Hesses, les Saxes, le Hanovre, se sont trouvés tout d'un coup lancés dans la voie des réformes démocratiques, et aussitôt qu'ils sont entrés en jouissance de leur émancipation particulière, ils ont été plus que jamais possédés du désir de créer à eux tous une autorité considérable, de se constituer vis-à-vis d'eux-mêmes et vis-à-vis de l'extérieur en un grand corps européen. Les mouvements de Vienne et de Berlin ont abouti presque immédiatement à la réunion spontanée du parlement national de Francfort.

Le 31 mars, cinq cents notables sans mandat régulier, sans convocation officielle, arrivent à Francfort de tous les coins de l'Allemagne, poussés en quelque sorte par le cri de l'opinion publique. Ils délibèrent pendant trois jours en face de l'antique diète des diplomates, prise d'assaut et démantelée par cette seule manifestation de la souveraineté populaire, tant la manifestation est cette fois imposante dans sa toute-puissance pacifique. Il y avait juste quinze ans que la diète s'était victorieusement tirée de cette aveugle insurrection qu'on appela *l'attentat de Francfort* : elle est restée sans défense devant cette magistrature qui s'improvisait à ses côtés et la détrônait par une force bien autrement irrésistible que la force des baïonnettes. Les notables ont décidé qu'il appartenait seulement à une assemblée nationale de donner une constitution au pays, que cette assemblée serait nommée par le suffrage universel, et que tout Allemand pourrait représenter toute partie quelconque de l'Allemagne. Ils ont invité la diète fédérale à s'épurer en rejetant de son sein tous les hommes qui avaient combattu le progrès constitutionnel, pour que leur présence ne fît pas même ombrage dans cette heure de triomphe. La diète s'est exécutée devant cet impérieux commandement. Elle a révoqué toutes les anciennes lois d'exception, et ceux qui en avaient été les promoteurs se sont retirés. Le président de la diète des princes, le comte Colloredo, a notifié cette soumission respectueuse au professeur Mittermayer, président de la diète du peuple. Enfin cet *avant-parlement (Vor-Parlement)*, comme on l'a nommé, a laissé derrière lui un comité de cinquante membres chargés de fonctionner jusqu'à la réunion de l'assemblée nationale et de diriger les opérations nécessaires pour la réunir. Ces cinquante membres en ont eux-mêmes délégué dix-sept, qui se sont proclamés les *hommes de confiance*. Ceux-ci ont eu pour mission de servir d'intermédiaire entre la vieille diète et le comité populaire des cinquante. On leur a donné droit de séance dans la diète et presque droit de contrôle ; on leur a remis enfin la tâche exclusive de rédiger un projet de constitution sur lequel l'assemblée nationale aussitôt en exercice fût à même de délibérer. Parmi les dix-sept étaient M. Dahlmann, l'ancien proscrit de Goettingue, le professeur de Bonn, l'historien des révolutions de l'Angleterre et de la France, l'un des hommes qui ont contribué le plus à l'avancement des idées constitutionnelles en Allemagne ; Ml. Gervinus, le professeur de Heidelberg, le fondateur de la *Gazette allemande*, qui a pris une si grande autorité dogmatique dans la pressé d'outre-Rhin, le poète Uhland, envoyé par Tubingue ; le député Bassermann, l'un des plus énergiques représentants du libéralisme badois.

Les cinquante et les dix-sept ont été, depuis le commencement d'avril jusqu'au 18 de mai, l'autorité suprême qui a gouverné l'Allemagne. La diète s'est effacée derrière eux ou s'est docilement ralliée à leur initiative. Il ne faut pas oublier d'ailleurs que la diète elle-même a été en partie retrempée par les dernières vicissitudes politiques ; le personnel diplomatique a dû changer en même temps que les principes de gouvernement. C'est ainsi que le ministre de Bade est maintenant M. Welcker, le vétéran de toutes les oppositions dans le petit parlement de Carlsruhe. Welcker à la place où siégeait naguère M. de Blittersdorf ! Il n'est rien qui marque plus clairement, la révolution. Cette diète cependant, si mitigée soit-elle, représente encore les couronnes, et sur les couronnes allemandes plane toujours, malgré tout, je ne sais quelle fantasmagorie de droit divin qui déplaisait naturellement aux représentants constitués par l'opinion seule en dehors de l'antique légalité. Organes et dépositaires d'une souveraineté née de la veille, et peut-être elle-même étonnée d'être au monde, les cinquante sont restés en défiance ou en surveillance vis-à-vis des grandeurs déchues de la diète fédérale. Sur la proposition de M. Welcker, la diète avait invité, le 3 mai, tous les gouvernements germaniques à s'entendre au plus tôt pour nommer en commun trois personnes qui, vis-à-vis de l'assemblée nationale, soutinssent leurs différents intérêts dans ce qu'ils avaient d'individuel, et remplissent provisoirement la charge de pouvoir exécutif pour toute la fédération. Cette mesure a soulevé un orage qui a duré jusqu'au dernier jour des cinquante. Il s'est fait protestation sur protestation ; les cinquante ne voulaient point accepter les trois délégués des princes sans concourir à les nommer : ils criaient au triumvirat, ils croyaient voir les cabinets dérober ainsi le pouvoir exécutif à la suprématie de l'assemblée constituante, en l'instituant eux-mêmes, au lieu d'attendre qu'elle en disposât. La diète s'est justifiée de ces soupçons, qu'elle ne pensait pas mériter, et qui se traduisaient dans les réserves formelles des cinquante. Elle a publié les explications offertes par M. Welcker dans sa séance du 10 mai, et les triumvirs vont décidément tenir auprès du parlement germanique l'emploi difficile qui leur est assigné. Ils seront de vrais ministres parlementaires et, qui pis est, intérimaires, mais dans une situation étrange ; ils auront à jouer leur rôle, pour le compte de tous les princes allemands à la fois, vis-à-vis d'une assemblée qui, en masse, ne doit rien à aucun prince ; ils auront à porter parole pour tous les trônes, pour tous les états pris séparément, vis-à-vis de la députation générale de tous les états pris en corps ; ils seront les agents communs de trente-deux cabinets grands, médiocres ou infiniment petits, vis-à-vis d'un pouvoir législatif dont ils dépendront quand même, parce qu'il s'élèvera au-dessus de tous les cabinets. Un tel enchevêtrement politique ne saurait se rencontrer ailleurs qu'en Allemagne, et l'on peut juger des complications qu'il faut vaincre par la complexité de l'instrument dont on use.

Les cinquante, les dix-sept, la diète elle-même, tout est d'ailleurs à présent dans l'ombre. Le 18 mai, la constituante germanique a ouvert ses séances elle siège désormais régulièrement dans l'église de Saint-Paul. La ville qui couronnait les empereurs du moyen-âge retrouve aujourd'hui d'autres pompes, et d'aussi solennelles, pour inaugurer l'ère moderne de l'unité et de la liberté ! Le Roemer, déjà consacré par les symboles de la société féodale, l'est une seconde fois par les idées d'un siècle nouveau. La lente succession des âges écrit ainsi ses profonds enseignements sur les édifices du vieux Francfort. L'Allemagne du temps présent n'avait peut-être encore pas eu d'elle-même une conscience aussi vive, qu'en se retrouvant tout entière dans ces murailles où passa toute l'Allemagne d'autrefois. Du reste, il n'est pas besoin de remonter si haut pour observer maintenant à Francfort des changements de physionomie qui ne laissent pas d'être piquants. Saint-Paul est loin d'avoir l'aspect qu'il offrait il y a deux mois, lorsqu'y siégeait *l'avant-parlement*. Les passions qui s'étaient produites à cette réunion préparatoire avec l'effervescence d'un début se sont calmées dans l'intervalle. Ce n'est plus cette vague ardeur qui n'avait pas d'objet précis ; ou sait mieux ce qu'on veut et ce qu'on peut. L'assemblée s'est beaucoup modifiée quant à sa composition, en traversant l'épreuve des élections régulières d'où elle vient de ressortir. Le nombre de ceux qui désiraient la réalisation immédiate du système républicain est évidemment réduit ; ceux qui auraient voulu formuler immédiatement ce désir par des actes de violence ont presque tout-à-fait disparu : la question une fois posée entre la république et la monarchie constitutionnelle, il y aurait à peine la dixième partie des quatre cents membres présents qui voterait pour la république. Cette recrudescence de modération irait même, dit-on, chez certains jusqu'à vouloir conserver de l'ancien ordre fédéral beaucoup plus que la raison ne permet d'en garder. Il y aurait une masse quelconque de députés qui, dans leur attachement opiniâtre pour leur patrie propre, refuseraient d'en sacrifier l'indépendance particulière au bénéfice de la grande patrie commune. Les discussions qui vont s'ouvrir révéleront bientôt toutes ces dissidences ; la constitution proposée par les dix-sept appellera nécessairement la lutte.

Voilà maintenant un mois que le projet rédigé par M. Dahlmann a été publié : la controverse s'en est assez vite emparée pour que tout le monde en connaisse les bases. Il repose sur une seule idée : élargir le cercle des attributions dites impériales, afin que le pouvoir qui les exercera en use avec plus d'efficacité pour faire respecter l'autorité du nom allemand au dehors, la liberté des peuples allemands à l'intérieur. Le pouvoir impérial, dans la pensée du législateur et selon le vœu de l'opinion, n'est donc autre chose que la garantie qui assure à la fois et le rang de la nation en Europe et les droits fondamentaux du citoyen chez lui ; mais à quelle main confier ce pouvoir impérial ? de qui doivent relever la paix et la guerre, la haute administration et la haute juridiction sur tous les territoires germaniques ? Comment, d'autre part, concilier ce pouvoir avec la perpétuité des dynasties existantes, avec l'intégrité des gouvernements particuliers, avec les intérêts dissidents des états souvent rivaux ? Comment obvier aux prétentions et remédier aux jalousies ? C'est là l'immense problème à résoudre ; la question électorale, la question parlementaire, toute l'organisation du pouvoir législatif et délibérant n'est rien à côté de cette terrible question du pouvoir exécutif. Les dix-sept se sont prononcés : ils demandent un empereur héréditaire qui serait présenté par les princes allemands à la sanction de la constituante et qui résiderait à Francfort. Le projet des dix-sept ne s'explique pas sur la situation de l'empereur vis-à-vis de ses propres états au cas où il serait prince régnant, mais il établit soigneusement combien il est nécessaire de lui donner l'hérédité. Or, si le prince désigné pour fonder la, dynastie impériale était déjà très considérable par lui-même et par l'étendue de ses états personnels, il serait bien difficile que, cette double hérédité se mêlant sur une même tête, les états personnels ne comptassent point par excellence comme états impériaux. Ainsi le roi de Prusse, empereur allemand, aurait beau résider à Francfort, sa bonne ville de Berlin garderait toujours grande chance de passer pour la capitale de l'Allemagne. Cette perspective ne fâcherait peut-être pas M. Dahlmann, qui est fidèle Prussien ; mais elle ne saurait plaire à tout le monde : aussi les contre-projets abonderont.

Les uns voudraient un empereur électif, comme au temps du régime féodal, de manière que la couronne impériale ne fût jamais longtemps dangereuse aux autres couronnes. Il en est qui proposent une combinaison moins usée l'on ne parlerait plus d'empereur, de César ; on aurait un *prince des Allemands*, qui ne porterait que ce titre, et renoncerait, pour l'accepter, à tous ceux qu'il pourrait avoir auparavant, satisfait de manger à Francfort sa liste civile. Ce serait un président de république qui commanderait à des rois. Enfin beaucoup aussi goûteraient un troisième système qui aurait l'avantage, très compensé d'ailleurs, de mettre d'accord les rivaux les plus difficiles à contenter au moment décisif du partage. La Suisse travaille pour l'instant à se débarrasser des inconvénients de son *vorort* alternatif ; on le lui emprunterait en Allemagne, et l'on aurait à tour de rôle, au sommet du nouvel édifice, la Bavière, la Prusse et l'Autriche.

Quel que soit celui de ces plans unitaires qui triomphe à Saint-Paul, il se heurtera plus ou moins contre cette difficulté que nous apercevions tout à l'heure, contre l'esprit de localité qui réagit déjà chez le gros des gens, rien qu'à la pensée d'une compression. Au fond, les Allemands tiennent à toutes leurs dynasties beaucoup plus encore qu'ils ne veulent le dire ; puis, les habitudes de leur existence provinciale ou municipale les mettent d'avance et sourdement en guerre contre tout essai de centralisation. Les gouvernements eux-mêmes ne sont pas, on le croit bien, très pressés d'abdiquer en tout ou en partie leurs prérogatives ; un état qui a ses traditions, son génie, son patronage et sa clientelle, ne renonce pas sans marchander au libre maniement de toutes les ressources qu'il a su lui-même employer pendant des siècles. Armée, diplomatie, navigation, forteresses, routes et douanes, faire tout cela fédéral, c'est un dépouillement patriotique dont les cabinets et les peuples pourraient bien n'avoir pas de sitôt l'héroïsme. L'Autriche a déjà même exprimé ses réserves très intelligibles, quoique entortillées. Nous sommes curieux de voir un empereur d'Allemagne qui ne serait pas le roi de Prusse ordonner des levées, en Brandebourg ou en Poméranie, et tenir les clés de Custrin et de Spandau. Enfin on ne peut disconvenir qu'il n'y ait à l'ouest un instinct de *séparatisme* que l'on guérira difficilement par un système d'unité dont la Prusse ou l'Autriche tiendrait la tête. Les couleurs noir, or et rouge ont été un moment proscrites en Bavière. L'énergique population enfermée dans les montagnes du midi de Bade serait demain république indépendante plus volontiers qu'état d'empire. Il se fonde un journal sur le Rhin inférieur pour prêcher la réorganisation de l'électorat de Cologne. On a même été jusqu'à proposer quelque part de donner à la Prusse la couronne d'Allemagne, à la condition que de ses huit provinces elle fit huit principautés. Ce penchant à l'isolement qui se trahit avec une originalité si décisive, qui s'appuie sur tant de vieilles raisons, qui perce à tons les étages du monde politique, ce *particularisme*, comme le nomme la presse allemande en l'attaquant sans relâche, voilà l'écueil des législateurs de Saint-Paul.

La façon dont on l'a tourné jusqu'ici, dont on le tournera peut-être encore, ça a été de stimuler l'orgueil et l'ambition germaniques pour inspirer au pays le besoin d'être un en face et quelquefois en haine de l'étranger. C'est surtout la Prusse qui s'entend à exploiter l'opinion pour susciter ainsi l'esprit d'envahissement comme un remède à l'esprit d'isolement. L'Europe ne se figure pas encore tout ce qui s'est amassé de songes grandioses dans l'imagination de l'Allemagne pendant la longue inertie où sa force végétait ; mais peut-être saura-t-on bientôt ce que c'est qu'une humeur conquérante si longtemps à la fois entretenue et contenue : on en peut juger au premier coup qu'a reçu le Danemark. L'Allemagne veut être puissance maritime ; cette passion persévérante est la meilleure raison de l'amour qu'elle porte à ses frères du Holstein, et des prétentions iniques qu'elle élève aujourd'hui sur le Schleswig, soit dans ses protocoles, soit avec ses armes. Toute contrée où l'on a parlé l'allemand doit faire retour à l'Allemagne ; l'Allemagne a droit sur chaque contrée nouvelle où des Allemands fondent un comptoir et creusent un sillon : telle est la politique extérieure que l'on professe solennellement à Francfort, comme on la professait auparavant dans les chaires académiques ; telle est la loi qu'on applique au Danemark. On intervient en Holstein, parce qu'il est partie intégrante de la confédération, et le projet des dix-sept revendique maintenant le Schleswig, pendant que les Prussiens l'occupent, sous prétexte qu'il est annexe inséparable du Holstein. Or, sur les 330,000 habitants du Schleswig, il y a 180,000 Danois, 23,000 Frisons, et seulement 120,000 Allemands. Le ministre de Danemark a protesté dernièrement auprès de la diète contre toute adjonction du Schleswig au corps impérial. Il n'y aurait pas, en effet, de raison pour que l'Allemagne, qui est déjà entrée dans le Jutland, ne s'y assît tout-à-fait sous ce même prétexte que le Jutland tient lui-même au Schleswig, et le Danemark, réduit à ses îles, disparaîtrait bientôt du nombre des états. Qu'importe à la confédération, pourvu qu'elle ait le libre accès des deux mers ? Une flotte allemande, c'est là le cri du jour, le cri qui grossit sans cesse à mesure que la marine danoise gêne davantage l'embouchure des fleuves du Nord. On propose de vastes souscriptions nationales qui devront être recueillies obole par obole (*Sechserversammlung*). Les universitaires de Kiel, sentinelles avancées du germanisme, forment des clubs spéciaux pour *agiter* la question. Les dames elles-mêmes publient des adresses où elles promettent le dévouement de leur sexe et sacrifient sentimentalement leurs bijoux les plus chers pour la plus grande gloire du futur pavillon.

La Prusse est le grand agent de ces ambitions germaniques ; on la trouve toujours prête pour en exécuter ou pour en perpétuer les œuvres. La vigueur avec laquelle on l'a vu soutenir l'insurrection du Holstein et réprimer en même temps celle de Posen est, il faut bien le dire, la meilleure recommandation qu'elle ait à présent aux yeux des patriotes allemands, car elle a d'ailleurs perdu l'initiative du mouvement politique, qui appartient désormais à l'Allemagne entière. Tous les cœurs, tous les regards étaient tendus vers la diète féodale qui s'ouvrait, il n'y a qu'un an, dans la salle blanche : un vrai parlement moderne, constitué sur les bases les plus libérales, s'est assemblé le 22 mai ; le roi prononce un vrai discours de la couronne ; M. Camphausen et M. Hansemann siègent au banc des ministres, à la place du comte d'Arnim, qui avait lui-même remplacé M. de Bodelschwing : — cette merveilleuse métamorphose détourne à peine l'attention publique, concentrée sur les merveilles de Francfort, Berlin est, pour l'instant, détrôné. La révolution ne s'y fait plus, et peut-être même y travaille-t-on à la défaire, car à côté des clubs et des rassemblements du peuple aux *Zellen*, il ne manque pas de partisans entêtés du régime déchu. Le petit bourgeois, *l'épicier (Spieesbürger)*, le fournisseur de la cour, si fier de son titre, ont plus d'influence à Berlin qu'en aucune autre capitale ; la bureaucratie, d'autre part, n'est pas un instrument qui puisse en Prusse s'assouplir très vite aux mains de ministres parvenus. Tout cela murmure et réagit, et tout cela n'empêche point que Berlin n'envoie à l'assemblée de Francfort et à son propre parlement plus d'un député complètement acquis à l'extrême radicalisme. Il y a là sans doute quelque lutte qui couve dans l'ombre où les affaires berlinoises sont momentanément tombées.

A Vienne, au contraire, les explosions bruyantes se succèdent avec une rapidité si singulière, qu'on ne peut pas croire qu'elles ne soient point factices. Une émeute a chassé M. de Metternich, une autre M. de Ficquelmont ; celle du 15 mai détermine l'empereur à partir furtivement pour aller chercher un asile et un appui chez les Vendéens du Tyrol. La constitution du mois d'avril n'est plus qu'une lettre morte ; le parlement qui devait se réunir le 26 juin, au lieu d'être un parlement octroyé, divisé en deux chambres, sera proprement une constituante et sortira du suffrage universel. Ainsi l'ont voulu les cinq mille étudiants de la légion académique, et le ministre de l'intérieur, le vieux M. de Pillersdorf, pâle et tremblant, est descendu lui-même dans la rue leur annoncer à minuit que leurs volontés étaient faites. On s'est hâté naturellement, chez nous, de comparer la retraite du César autrichien à la fuite de Louis XVI, et, prenant Vienne pour Paris, on a décidé que la république allait s'installer demain sur les ruines de l'empire vermoulu. Ce n'est point avec de pareils coups de dé qu'on renversera l'Autriche, si ce grand établissement européen doit un jour succomber. L'Autriche n'est pas seulement à Vienne, elle est à Inspruck d'abord, mais elle est aussi à Pesth, elle est à Prague, elle est dans tous les chefs-lieux de cette fédération de races et de langues différentes qui a duré des siècles sous son nom. La véritable révolution qui gravite sur Vienne et s'y dénoue comme dans son centre, la révolution caractéristique et réellement propre à l'Autriche, ce n'est pas celle qui improvise des réformes politiques au coin d'une rue : c'est celle qui change ou brise les rouages intérieurs de ce vaste corps autrichien en rappelant à une vie plus intense les nationalités juxtaposées dont l'alliance constitue tout l'empire ; c'est cette suite de mouvements soulevés sur tous les points du territoire par l'éveil ou par la recrudescence des sentiments nationaux. Tandis que la révolution qui part de Francfort se couvre d'un motif d'honneur national pour organiser une haute puissance politique, l'émancipation politique n'est en général, pour la révolution qui aboutit à Vienne, qu'un sûr acheminement vers l'indépendance des nationalités.

Cette indépendance est-elle la chute de l'Autriche, et va-t-il surgir un nouvel édifice aux lieux mêmes que l'Autriche occupait ? On ne saurait prévoir jusqu'où ira l'élan des passions nationales rendues à leur liberté primitive, si l'on ne leur fraie habilement la route, si l'on ne se résigne aux sacrifices indispensables qu'elles commandent, si l'on ne les concilie pas entre elles par quelque juste accommodement. La crise présente devait tôt ou tard éclater ; on s'est habitué d'avance à la regarder comme une crise suprême dont on n'avait pas le remède, et cependant, à mesure qu'elle se développe, on comprend mieux que l'Autriche y puisse encore résister : il lui faut seulement une autre assiette. L'Autriche du prince de Metternich était tout entière tournée vers l'Allemagne, vers l'occident ; elle ne s'appliquait qu'à tenir son rang comme puissance occidentale, et, pour y réussir, elle refoulait ou elle élaguait tout ce qu'elle avait chez elle d'intérêts et d'exigences dont la satisfaction ne se trouvait point-là. L'immense empire aggloméré progressivement autour des provinces allemandes ne pesait rien dans la balance où le petit noyau primitif l'emportait toujours. Slaves et Hongrois étaient immolés au profit des tendances germaniques. D'un autre côté, le temps est passé où l'Autriche pouvait se déclarer puissance slave, comme elle en avait encore le choix et comme elle en eut, dit-on, la velléité sous le règne de Joseph II. La place est prise. Si l'Autriche aujourd'hui refluait sur l'orient avec une précipitation trop exclusive, si elle cédait sans réserve aux sollicitations du panslavisme, fût-ce même le panslavisme libéral des peuples, il serait fort à craindre qu'elle ne travaillât pour la Russie. Quelle que soit la loi de l'avenir au sujet de cet universel ralliement des Slaves, l'Autriche n'a pas elle-même à s'y dévouer ; il est un tout autre rôle, un rôle original et fécond, qui lui semble dévolu par la seule nature des éléments dont elle est composée. Que l'Autriche perde la Gallicie, qui entre dans une sphère étrangère à la sienne parce qu'elle relève de l'impérissable Pologne ; que l'Autriche perde l'Italie, qui n'appartient qu'à elle-même il reste encore entre les montagnes des Géants et la Save, entre le Danube et les Karpathes, quatre groupes de populations et de territoires qui n'ont d'ensemble et de consistance qu'en rayonnant sur Vienne, — la Hongrie avec la Transylvanie, la Bohème avec la Moravie et la Silésie, les archiduchés allemands, les Slaves de l'Illyrie et de la Croatie. Il n'y a qu'une façon de faire que Constantinople ne devienne pas russe, c'est que Constantinople soit le centre, le foyer de ces populations pleines d'avenir, serrées les unes contre les autres au midi de la Save jusqu'à Belgrade et depuis Belgrade sur les deux rives du Danube, Bosniaques, Serbes, Roumains et Bulgares. Ce que doit être Constantinople pour toutes ces nations dont la carrière s'ouvrira bientôt, Vienne le serait plus sûrement encore pour ces quatre fédérations disposées autour d'elle par la loi mère du sol et par l'ancienne habitude de leurs affinités. Toutes les capitales ne sont pas destinées à fonctionner comme capitales unitaires ; il faut des villes neutres dans le monde. Ne serait-ce donc pas une belle vocation pour un cabinet intelligent et libéral en Autriche de servir de modérateur commun à tous ces groupes d'états secondaires qui, par une association obligée, tant elle est naturelle, périssent en s'entretuant, s'ils ne s'unissent sous une autorité neutre.

S'il n'y a en effet, dans toute cette région de l'Europe, une association quelconque maintenue par une impartiale neutralité, les éléments si féconds qu'elle renferme n'ont plus d'issue pour se développer et succombent à leur isolement, ou se déchirent eux-mêmes dans l'ardeur réciproque de leurs antipathies. Ils ont besoin d'être à la fois réunis et dominés. Qu'on les suppose divisés qu'est-ce que pourra la population tchèque de la Bohème cernée de tous côtés par l'Allemagne, la Hongrie assiégée, morcelée par les Slaves, l'Illyrie enfin avec ses Slaves du rite latin convoités et tenus en échec par les Slaves du rite oriental ? Qu'on les suppose aussi par conséquent abandonnés à eux-mêmes, à la fougue de leurs rancunes, aux instincts destructeurs de l'aveugle rivalité des races : voyez ce qui arrive en ce moment même, depuis que les rênes sont flottantes. Les Magyares l'ont pris de bien haut avec le gouvernement autrichien ; ils se sont très noblement d'ailleurs constitués les avocats de la Pologne et de l'Italie : ils exigent que leurs régiments quittent l'armée de Lombardie ; mais maintenant voici bien une autre complication. Sur les douze millions d'habitants qui peuplent la Hongrie, il n'y a guère que quatre à cinq millions de Magyares ; le reste est valaque et surtout slave, depuis longtemps en révolte, tantôt sourde et tantôt éclatante, contre le magyarisme. A peine la main du gouvernement central retirée, la révolte s'est prononcée partout d'une manière terrible. Dès le commencement de ce mois-ci, la guerre a été pour ainsi dire déclarée sur toute la surface du territoire ; la Syrmie, l'Esclavonie, la Croatie, veulent absolument se séparer ; dans les foyers slaves jetés au milieu de la population magyare, on arbore l'étendard slave, blanc, rouge et bleu ; on brûle solennellement les livres de prières et les registres baptismaux qui, selon la loi faite à Presbourg, étaient écrits en hongrois. La noblesse croate dispute avec colère aux Magyares le mérite d'avoir émancipé les paysans, et le nouveau ban de Croatie, Joseph Jelachich, vient de décréter par ordonnance que celui-là serait puni comme séditieux qu'on surprendrait disant aux paysans qu'ils ne doivent pas l'abolition des corvées et des dîmes à l'unique amour des seigneurs esclavons et croates. Les Magyares sont bien le peuple le plus orgueilleux de la terre ; il est pourtant certain qu'ils seraient tôt ou tard écrasés par ce débordement slave, s'ils ne sont soutenus d'ailleurs, et, quel que soit l'enthousiasme des philosophes panslavistes pour l'avenir de leur race, toute conquête qui effacera l'individualité d'un grand peuple ne sera jamais un progrès de l'humanité.

Si les Hongrois ont ainsi besoin des Allemands, les Allemands n'ont pas de trop du magyarisme pour balancer la prépondérance de l'élément slave. En Bohème, par exemple, la nationalité tchèque se relève avec une violence menaçante. Il y a une sorte de terreur organisée à Prague contre le germanisme. La garde nationale, la garde universitaire, l'armée même, se divisent, parce qu'il y en a presque la moitié qui veut être commandée en langue tchèque. Dans le système parlementaire des deux chambres que promulguait à Vienne la constitution du 13 avril, ce n'était pas trop de la première pour servir de contre-poids à la seconde, où l'on eût va deux députés slaves contre un député allemand. Les patriotes germanisants, qui ont fait la révolution du 15 mai en arborant partout à Vienne le drapeau teutonique au lieu du drapeau noir et jaune de l'Autriche, n'ont pas senti qu'ils compromettaient bien davantage encore l'influence allemande. Ils accusaient le gouvernement de slavisme ; ils ont livré la constituante autrichienne à une majorité slave. Les Slaves, cependant, ne sont pas encore satisfaits, et aujourd'hui même commence à Prague un grand concile national où seront représentées toutes les branches de leur famille : c'est une concurrence significative, instituée tout exprès vis-à-vis de la diète de Francfort.

Que les nationalités prouvent ainsi leur force vivace, qu'elles se réveillent de leur engourdissement comme si elles étaient éternelles, ce n'est pas nous qui nous en plaindrons jamais ; seulement il ne faut pas que cet élan salutaire joue sur la société européenne à la façon d'un ressort trop comprimé qui brise tout en se détendant, jusqu'à ce que mort de peuple s'en suive ; il ne faut point que les passions nationales, cédant à l'entraînement d'un radicalisme insensé, se heurtent jusqu'à extinction. Il ne faut point que les Magyares disparaissent des pays slaves et les Slaves des pays magyares, que les Allemands qui ont fertilisé la Bohême, métamorphosé la Moravie, puissent être replacés sous un joug qu'ils ne peuvent plus eux-mêmes imposer à la race indigène ; que cette race enfin, sans cesse injuriée par les Allemands, soit à jamais déchue d'un rôle historique. Nous nous félicitons de la renaissance des nationalités, nous redoutons les conséquences fatales de leur exagération. La gloire du gouvernement régénéré qui saurait siéger à Vienne, ce serait de pacifier et de modérer tout ce qu'il y aurait là d'excessif, ce serait d'amener petit à petit la civilisation de l'Occident parmi ces populations à moitié orientales, qui n'ont point encore proprement d'organisation politique, qui nous empruntent les mots de notre dictionnaire constitutionnel comme des cris de guerre plutôt que comme des devises bien senties. L'Autriche rajeunie ne semblerait-elle pas prédestinée à cette belle propagande ? La Hongrie et la Bohême ne repoussent que l'abus des prétentions germaniques ; elles restent fidèles à la maison impériale, et, jouissant maintenant de toutes les libertés modernes, grâce aux événements de mars, elles n'en gardent pas moins le vieux trône avec un attachement comparable à celui de la *loyalty* britannique Prague et Pesth supplient l'empereur de venir résider dans leur sein. Les vainqueurs du 15 mai auraient volontiers supprimé l'empereur, pour fondre tout-à-fait les archiduchés dans la grande pairie allemande. Où donc est la politique sérieuse et vraiment accommodée aux temps et aux lieux, du côté de ce vague patriotisme ou du côté des essentielles traditions de l'empire autrichien ?

Cette politique restera, par malheur, boiteuse et mal assise tant que la question polonaise et la question italienne n'auront pas été définitivement vidées. Le courage nous manque pour parler à présent de la Pologne et toucher à ces plaies encore saignantes d'hier. Puisse du moins la déplorable issue des conflits de Posen et de Cracovie montrer aux Polonais qu'ils ne sauraient combattre sans avoir eux-mêmes refermé leurs vieilles blessures, et à la France qu'elle ne les saurait aider sans le concours de l'Allemagne ! Si la république enfante un jour une diplomatie, ce sera le triomphe de la diplomatie républicaine d'obtenir ce concours difficile, c'est sen devoir de le réclamer sans relâche. Quant à l'Italie, la situation se dessine enfin plus nettement ; à mesure que la royauté piémontaise pagne dans l'opinion, l'armée autrichienne perd sur le terrain : les deux faits sont corrélatifs.

L'opinion républicaine en Italie se rattachait trop nécessairement aux réminiscences municipales pour ne pas avoir bientôt tous les torts de cet étroit patriotisme du moyen-âge, sans pouvoir en renouveler la vigueur et les ressources. Si les Lombards et les Vénitiens se fussent spontanément ralliés à la monarchie piémontaise, le Piémont aurait compté soixante mille hommes de plus, levés régulièrement et disciplinés en soldats ; la sécurité intérieure des pays affranchis n'aurait pas été troublée ; Charles-Albert n'aurait pas eu l'appréhension de guerroyer à son détriment, et de contribuer par une victoire à la ruine de son trône ; les Autrichiens seraient depuis longtemps acculés aux derniers retranchements qui les couvrent aujourd'hui. Aujourd'hui les patriotes éclairés regrettent hautement que les municipalités lombardes se soient obstinées à perpétuer un provisoire désastreux. La république ainsi organisée ne pourrait délivrer l'Italie, à moins d'appeler les armées françaises ; ce serait alors recommencer l'histoire et blesser au vif l'honneur national de l'Italie ressuscitée. Mais comment soutenir une guerre d'indépendance avec cette division de toutes les forces et cet éparpillement de toutes les autorités que devait aussitôt produire partout le régime improvisé des républiques locales ? Il n'est pas de ville et même de village qui n'ait envoyé ses plus braves enfants à la croisade ; on n'a pourtant ainsi réuni que huit ou dix mille hommes de mauvais corps francs, et les volontaires trament çà et là dans leurs cantonnements par petites divisions, jouant et buvant leur solde sans rien faire. A Padoue, à Vicence, les gouvernements ont perdu la tête en présence du désordre et de la misère ; à Venise, on a tout gaspillé, argent, fusils, munitions ; l'armée de l'indépendance n'y a plus trouvé trace des immenses provisions de l'arsenal. Les corps vénitiens, qui viennent de réparer leur honneur, s'étaient d'abord sauvés honteusement au premier feu. Le corps romain de Ferrari, mal commandé par de petits maîtres, n'avait pas mieux réussi. Les troupes pontificales, sous les ordres du général Durando, rivalisent seules avec la brave armée piémontaise. Cette déconfiture militaire a fort ébranlé le parti républicain, et l'Italie se rallie chaque jour davantage autour du trône de Charles-Albert. Il n'y a qu'un grand état fortement campé entre le Pô et les Alpes qui puisse protéger à jamais l'indépendance italienne. C'est cette conviction qui va maintenant sans faiblesse et sans retour diriger les actes du gouvernement romain. La situation du pape est toujours la même : son peuple l'applaudit d'enthousiasme et lui désobéit de sang-froid. Les hommes qui avaient le plus fait pour confondre les deux pouvoirs dans cette sainte personne, afin de revêtir d'un caractère plus auguste la propagande patriotique dont Pie IX donnait le signal, les hommes qui avaient le plus soigneusement associé l'autorité du pontife à la politique du souverain, travaillent aujourd'hui à séparer le temporel du spirituel dans tout le régime de l'état de saint Pierre. Ils ne voient plus d'autre moyen de sauver la papauté sans perdre l'Italie. L'Italie avant tout ! Le programme avoué du comte Terenzio Mamiani, qui dirige en ce moment le ministère romain, c'est l'expulsion des Allemands, et même leur expulsion de tout le littoral de l'Adriatique à l'aide d'une alliance intime avec les populations dalmates.

Par un privilège qu'elle a d'ailleurs chèrement payé, la France n'a qu'à gagner dans ces profondes révolutions qui déplacent toutes les influences européennes ; l'Angleterre et la Russie ne peuvent que perdre. Aussi se tiennent-elles, jusqu'à présent, à l'écart, avec une attitude de défiance menaçante ou d'ombrageuse surveillance. Lord Minto est récemment arrivé à Londres, de retour du voyage diplomatique qu'il avait entrepris en septembre. Tout porte à croire que ses instructions ont été bien modifiées dans le cours de sa mission, et qu'elle n'a point fini sur des termes aussi libéraux que ceux sur lesquels elle avait commencé. Le *Times* ne cesse de conseiller aux Italiens de s'accommoder avec l'Autriche et de prendre garde à l'invasion française. L'Angleterre n'est plus du tout révolutionnaire en Italie ; elle aurait, dit-on, assisté avec un calme imperturbable aux horribles scènes qui viennent d'ensanglanter Naples, et elle ne parait pas trop déplorer la cruelle humeur des Suisses et des lazzaroni, qui ont vaincu et massacré les bourgeois démocrates pour le compte du roi Ferdinand. C'est absolument l'opposé en Espagne et en Grèce : M. Bulwer et sir Edmond Lyons semblent prendre à tâche d'exagérer les fantaisies belliqueuses de lord Palmerston. Ils sont de fondation les amis et les auxiliaires des conspirateurs ou des rebelles de tout genre. Sir E. Lyons n'a pas encore été pris en flagrant délit, comme M. Bulwer, mais il a fini par remporter un succès analogue : il a complètement soulevé la Grèce et provoqué l'indignation nationale contre son ami M. Mavrocordato et contre tout le parti anglais. En voyant le parti anglais intriguer avec les Turcs, fomenter la guerre civile lors des dernières insurrections de Velentza et de Papacosta, pousser enfin de partout à l'anarchie, les

Grecs ont compris que ce n'était pas seulement à la France qu'en voulait sir E. Lyons, puisqu'il restait le même et d'un tempérament toujours aussi nuisible après la retraite de l'heureux et intrépide adversaire que la France lui avait opposé ; les Grecs ont compris que l'on s'attaquait à l'honneur et à la fortune de leur pays. Pour M. Bulwer, l'échange fâcheux de correspondances diplomatiques auquel il se livrait, en véritable amateur d'imbroglios espagnols, s'est terminé brusquement par un vrai coup de théâtre : le général Narvaez a tout bonnement mis à la porte le représentant de sa majesté britannique. Ce qu'il y a de pis pour lord Palmerston et pour son agent très habile et très dévoué, c'est que les choses se sont passées de telle façon qu'il est difficile de pouvoir honnêtement se fâcher d'un procédé pourtant par trop soldatesque. M. Bulwer aurait été dûment atteint et convaincu d'une complicité active dans les séditions qui deux fois en deux mois ont ensanglanté Madrid et Séville. Il prétend, pour tout dire, et prouve assez bien qu'il n'aurait agi que par ordre. Nous verrons ce qu'en pense lord Palmerston, et nous attendons avec une certaine impatience les explications promises au parlement. On peut affirmer d'avance que le mot de toute cette politique anglaise, la raison qui la rend à la fois conservatrice en Italie, séditieuse en Grèce et en Espagne, c'est le besoin de s'asseoir au Midi pour parer aux éventualités qui se préparent à l'Occident et dans le Nord.

De leur côté sans doute aussi, les Russes s'apprêtent. Pendant qu'ils menacent d'intervenir à main armée dans la querelle du Danemark, ils continuent leurs vieilles intrigues auprès de la Porte. Le ministère qui a remplacé Réchid-Pacha à Constantinople ne leur appartient pas, il est vrai, tout entier : c'est un ministère mixte et de transition ; mais la transition est glissante et vaut bien la peine qu'on la ménage de loin. Singulière destinée pour un homme d'état formé, comme Réchid, à l'école constitutionnelle des pays d'Occident de tomber encore sous une intrigue de sérail ! Le sérail sera-t-il donc toujours l'arsenal de la diplomatie russe ? Un mot seulement encore en passant pour caractériser l'attitude actuelle de cette diplomatie par rapport à l'Europe. L'autre mois, le prince Stourdza, vainqueur d'un essai de révolution tenté par ses boyards, affichait dans les rues de Jassy la communication suivante : « Nous Michel Stourdza, par la grâce de Dieu, woïvode, prince régnant de Moldavie, avons reçu par le consulat impérial russe une communication du chancelier d'empire comte de Nesselrode. Cette dépêche est une nouvelle preuve de la sollicitude avec laquelle notre très haut protecteur veille au bonheur des Moldaves en ce temps de crise qui menace l'ordre social et renverse les souverains légitimes dans tout l'Occident. Sa majesté l'empereur a déclaré qu'elle était décidée à ne pas souffrir que l'anarchie se répandît dans les provinces ottomanes placées sous sa protection, et qu'elle emploierait sa puissance à contrecarrer toute entreprise qui tendrait, soit à relâcher les liens de ces provinces avec l'empire ottoman, soit à modifier leur constitution politique, etc. » On a là un modèle du style russe ; il est impossible d'habiller la violence de plus d'hypocrisie. Il y a quelque chose pourtant de plus curieux encore, c'est l'éloquence des popes expliquant à leurs paysans le grand complot du prêtre de Rome, qui a renversé tous les rois, parce qu'ils étaient amis de leur père l'empereur et de leur sainte religion, qui va maintenant pousser contre eux tous les peuples latins insurgés, et déchaîner jusqu'au Turc contre l'église grecque.

Voilà par à peu près l'histoire d'un mois en Europe dans cette grande année 1848. Si sous le feu croisé des événements, si de cette masse énorme de dits et de gestes nous pouvons essayer de tirer quelques conclusions générales, voici peut-être celles qui nous frapperaient le plus. Auprès de nous, au contre-coup de nos embarras et de nos anxiétés, la révolution se fait, en tant que possible, sage et modérée : plus nous avons penché vers le radicalisme, plus nos voisins inclinent à la conservation. Loin de nous, au cœur de régions jusqu'alors trop fermées, les nationalités, peu à peu ressuscitées par une longue paix, réclament enfin satisfaction : en un siècle d'idées *humanitaires*, en face des théories *communautaires*, qui dans l'homme ne regardent que l'espèce et par amour pour l'espèce méprisent un peu trop la patrie, c'est une bonne leçon que nous donnent ces *barbares* d'avoir toujours si vigoureusement préservé leur individualité nationale. Pour peu que cette double conclusion ait de sens et de réalité, le présent sera ce qu'il voudra, nous ne sommes pas encore prêt à désespérer de l'avenir.

ISBN : 978-1984206893